„Wer geduldig ist, der ist weise."

Sprüche 14,29

Geduldig sein? Meistens fällt uns das ganz schön schwer. Doch sich in Geduld zu üben hat durchaus Vorteile. Wir kommen zur Ruhe und können über Dinge nachdenken. So reifen sie in unseren Gedanken heran und wir können am Ende weise Entscheidungen treffen. Manchmal ergeben sich neue Wendungen und die Dinge klären sich in der Wartezeit von selbst. Bisweilen stoßen wir in dieser Zeit auch auf neue Erkenntnisse. Ja, es stimmt schon: „Wer geduldig ist, der ist weise."

Die Freude am Geben

Eine Frau, die alleine durch die Berge reiste, fand einen wertvollen Stein in einem kleinen Bach und steckte ihn ein. Am nächsten Tag traf sie einen anderen Reisenden, der großen Hunger hatte. Also öffnete die Frau ihre Tasche, um ihr Essen mit ihm zu teilen. Der hungrige Reisende sah den wertvollen Stein und bat die Frau, ihn ihm zu geben. Ohne zu zögern, nahm sie den Stein und gab ihn ihm.

Er ging weiter und freute sich sehr über sein großes Glück. Er wusste, dass der Stein genug wert war, um ihm sein Leben lang Sicherheit zu garantieren.

Es geht nicht darum, wie viel wir besitzen, sondern wie viel wir genießen, das sorgt für Glücksgefühl.

Charles Haddon Spurgeon

Einige Tage später aber kam er zurück, um der Frau den Stein wiederzugeben. „Ich habe darüber nachgedacht", sagte er. „Ich weiß, wie wertvoll dieser Stein ist, aber ich gebe ihn dir zurück in der Hoffnung, dass du mir etwas noch Wertvolleres geben kannst. Gib mir das, was du in dir hast, das dich mir den Stein hat geben lassen."

Die Frau lächelte und sagte: „Die Freude am Geben!"

*Wer Freude bereitet,
hat selbst Freude.*

Volksmund

*Am reichsten ist der,
der am wenigsten braucht.*

Seneca

Von der Liebe

Auf meinen Reisen traf ich einen weisen alten Mann. Ich fragte ihn: „Was ist wichtiger? Lieben oder geliebt zu werden?" Er sah mich an, lächelte und sagte: „Welchen Flügel braucht ein Vogel zum Fliegen? Den linken oder den rechten?"

Liebe liegt nicht einfach herum wie ein Stein; wie Brot muss sie gemacht werden, immer wieder und jedes Mal frisch.

Überliefert

Salomos Urteil

> *Warum schließen wir unsere Augen, wenn wir beten, weinen, küssen oder träumen? Weil die wundervollsten Dinge im Leben nicht gesehen, sondern mit dem Herzen gefühlt werden.*
>
> Denzel Washington

Zu der Zeit kamen zwei Frauen zum König und traten vor ihn. Und die eine sprach: Ach, mein Herr, ich und diese Frau wohnten im selben Hause, und ich gebar bei ihr im Hause. Und drei Tage nachdem ich geboren hatte, gebar auch sie. Und wir waren beieinander, und kein Fremder war mit uns im Hause, nur wir beide. Und der Sohn dieser Frau starb in der Nacht; denn sie hatte ihn im Schlaf erdrückt. Und sie stand in der Nacht auf und nahm meinen Sohn von meiner Seite, als deine Magd schlief, und legte ihn in ihren Arm, und ihren toten Sohn legte sie in meinen Arm. Und als ich des Morgens aufstand, um meinen Sohn zu stillen, siehe, da war er tot. Aber am Morgen sah ich ihn genau an, und siehe, es war nicht mein Sohn, den ich geboren hatte. Die andere Frau sprach: Nein, mein Sohn lebt, doch dein Sohn ist tot. Jene aber sprach: Nein, dein Sohn ist tot, doch mein Sohn lebt. Und so redeten sie vor dem König.

Und der König sprach: Diese spricht: Mein Sohn lebt, doch dein Sohn ist tot. Jene spricht: Nein, dein Sohn ist tot, doch mein Sohn lebt. Und der König sprach: Holt mir ein Schwert! Und als das Schwert vor den König gebracht wurde, sprach der König: Teilt das lebendige Kind in zwei Teile und gebt dieser die Hälfte und jener die Hälfte. Da sagte die Frau, deren Sohn lebte, zum König – denn ihr mütterliches Herz entbrannte in Liebe für ihren Sohn – und sprach: Ach, mein Herr, gebt ihr das Kind lebendig und tötet es nicht! Jene aber sprach: Es sei weder mein noch dein; lasst es teilen!

Da antwortete der König und sprach: Gebt dieser das Kind lebendig und tötet's nicht; die ist seine Mutter. Und ganz Israel hörte von dem Urteil, das der König gefällt hatte, und sie fürchteten den König; denn sie sahen, dass die Weisheit Gottes in ihm war, Gericht zu halten.

1. Könige 3,16-28

Gedanken einer Kerze

„Jetzt habt ihr mich entzündet und schaut in mein Licht. Ihr freut euch an meiner Helligkeit, an der Wärme, die ich spende. Und ich freue mich, dass ich für euch brennen darf. Wäre dem nicht so, läge ich vielleicht irgendwo in einem alten Karton – sinnlos, nutzlos. Sinn bekomme ich erst dadurch, dass ich brenne.

Aber je länger ich brenne, desto kürzer werde ich. Ich weiß, es gibt immer beide Möglichkeiten für mich: Entweder ich bleibe im Karton – unangerührt, vergessen, im Dunkeln – oder aber ich brenne, werde kürzer, gebe alles her, was ich habe, zugunsten des Lichtes und der Wärme. Somit führe ich mein eigenes Ende herbei.

Und doch, ich finde es schöner und sinnvoller, etwas herzugeben, als kalt zu bleiben und im düsteren Karton zu liegen …

Schaut, so ist es auch mit euch Menschen! Entweder ihr zieht euch zurück, bleibt für euch – und es bleibt kalt und leer –, oder ihr geht auf die Menschen zu und schenkt ihnen von eurer Wärme und Liebe, dann erhält euer Leben Sinn. Aber dafür müsst ihr etwas in euch selbst hergeben, etwas von eurer Freude, von eurer Herzlichkeit, von eurem Lachen, vielleicht auch von eurer Traurigkeit.

Ihr Lieben, lasst uns einander lieb haben; denn die Liebe ist von Gott, und wer liebt, der kennt Gott.

1. Johannes 4,7

Ich meine, nur wer sich verschenkt, wird reicher. Nur wer andere froh macht, wird selbst froh. Je mehr ihr für andere brennt, um so heller wird es in euch selbst.

Ich glaube, bei vielen Menschen ist es nur deswegen düster, weil sie sich scheuen, anderen ein Licht zu sein. Ein einziges Licht, das brennt, ist mehr wert als alle Dunkelheit der Welt. Also, lasst euch ein wenig Mut machen von mir, einer winzigen, kleinen Kerze."

Der innere Kampf

Ein alter Indianer saß mit seinem Enkelsohn am Lagerfeuer. Die Nacht hatte sich über das Land gesenkt und das Feuer knackte und krachte, während die Flammen hoch hinaus in den Himmel züngelten.

Nach einer langen Weile des Schweigens sagte der Alte zu seinem Enkel: „Weißt du, manchmal fühle ich mich, als wenn zwei Wölfe in meinem Herzen miteinander kämpfen würden. Einer der beiden ist rachsüchtig, aggressiv und grausam. Der andere hingegen ist liebevoll, sanft und mitfühlend."

„Welcher der beiden wird den Kampf um dein Herz gewinnen?", fragte der Junge. „Der Wolf, den ich füttere," antwortete der Alte.

Ein Bild vom Frieden

Es war einmal ein König, der schrieb einen Preis im ganzen Land aus: Er lud alle Künstlerinnen und Künstler dazu ein, den Frieden zu malen, und das beste Bild sollte eine hohe Belohnung bekommen.

Alle Malerinnen und Maler im Land machten sich eifrig an die Arbeit und brachten dem König ihre Bilder. Von allen Bildern, die gemalt wurden, gefielen dem König zwei am besten. Zwischen denen musste er sich nun entscheiden.

Das erste war ein perfektes Abbild eines ruhigen Sees. Im See spiegelten sich die malerischen Berge, die den See umrandeten, und man konnte jede kleine Wolke im Wasser wiederfinden. Jeder, der das Bild sah, dachte sofort an den Frieden.

Das zweite Bild war ganz anders. Auch hier waren Berge zu sehen, aber diese waren zerklüftet, rau und kahl. Am düsteren grauen Himmel über den Bergen jagten sich wütende Wolkenberge und man konnte den Regen fallen sehen, den Blitz aufzucken und auch fast schon den Donner krachen hören. An einem der Berge stürzte ein tosender Wasserfall in die Tiefe, der Bäume, Geröll und kleine Tiere mit sich riss. Keiner, der dieses Bild sah, verstand, wieso es hier um Frieden gehen sollte.

Doch der König sah hinter dem Wasserfall einen winzigen Busch, der auf der zerklüfteten Felswand wuchs. In diesem kleinen Busch hatte ein Vogel sein Nest gebaut. Dort in dem wütenden Unwetter an diesem unwirtlichen Ort saß der Muttervogel auf seinem Nest – in perfektem Frieden.

Welches Bild gewann den Preis?

Der König wählte das zweite Bild und begründete das so: „Lasst euch nicht von schönen Bildern in die Irre führen: Frieden braucht es nicht dort, wo es keine Probleme und keine Kämpfe gibt. Wirklicher Frieden bringt Hoffnung und heißt vor allem, auch unter schwierigsten Umständen und größten Herausforderungen, ruhig und friedlich im eigenen Herzen zu bleiben."

*Einer, der Gott leugnet,
gleicht einem, der die Sonne leugnet;
es nutzt ihm nichts, sie scheint doch.*

August Julius Langbehn

*Hoffnung ist nichts anderes
als das Vertrauen auf die End-
losigkeit der göttlichen Liebe.*

Charles de Foucauld

Der Zweifler und der Rabbi

Ein Zweifler ging einmal zu einem berühmten Rabbi. Er wollte dem Rabbi zeigen, dass sich die Wahrheit seines Glaubens nicht beweisen ließ. Als er das Zimmer des frommen Mannes betrat, lief dieser mit einem Buch in der Hand auf und ab.

Der Rabbi beachtete den Zweifler zunächst kaum. Schließlich blieb er stehen und sah seinen Gast kurz an und sagte: „Vielleicht ist es aber wahr." Dieser kurze Satz brachte den Zweifler völlig aus der Fassung. Doch der Rabbi sprach noch weiter. Er sagte: „Alle Leute, mit denen du über den Glauben diskutiert hast, haben ihre Worte an dich verschwendet. Du hast sogar über sie gelacht. Sie haben dir Gott und sein Reich nicht auf den Tisch legen können, und auch ich kann es nicht. Aber, mein Sohn, bedenke: Vielleicht ist es wahr."

Wenn ihr mich von ganzem Herzen suchen werdet, so will ich mich von euch finden lassen, spricht der Herr.

Jeremia 29,13-14

Die Palme mit der schweren Last

Ein alter Beduine war krank und zweifelte am Sinn des Lebens. Eines Tages kam er in einer Oase an einem jungen, noch kleinen Palmenbaum vorbei. Frustriert und deprimiert wie er war, nahm er einen dicken Steinbrocken und legte ihn der jungen Palme mitten auf die Blattkrone und dachte gehässig: „Soll auch sie sehen, wie sie damit fertig wird."

Die junge Palme versuchte, die Last abzuwerfen. Sie wiegte sich im Wind und schüttelte ihre jungen Wedel. Doch alle Mühe war vergebens. Die Last wurde immer schwerer, aber sie wollte noch nicht aufgeben.

Also begann sie, tiefer und fester in den Boden zu wachsen, um stärker und kräftiger zu werden. Und wirklich: Ihre Wurzeln erreichten neue Wasseradern. Die Kraft des Wassers aus der Tiefe und die der Sonne vom Himmel machten sie zu einer außerordentlich starken Palme, die auch den Stein im Weiterwachsen mittragen konnte.

Der ist wie ein Baum, am Wasser gepflanzt, der seine Wurzeln zum Bach hin streckt. Denn obgleich die Hitze kommt, fürchtet er sich doch nicht, sondern seine Blätter bleiben grün; und er sorgt sich nicht, wenn ein dürres Jahr kommt, sondern bringt ohne Aufhören Früchte.
Jeremia 17,8

Nach vielen Jahren kam der alte Beduine wieder, schadenfroh wollte er den nun sicher verkrüppelten Baum sehen. Er suchte ihn, aber er fand ihn nicht. Da sah er eine besonders hochragende Palme, viel größer als all die anderen Palmen, und in der Krone trug sie den Stein.

Und wie sie sich im Wind neigte, schien sie ihm zu sagen: „Ich muss dir danken! Die Last hat mich über meine Schwäche hinauswachsen lassen." Hinter jedem Problem verstecken sich oft Lösungen und Chancen, die wir nur erkennen und wahrnehmen müssen, um daran zu wachsen!

Der hartnäckige Steinmetz

Gute Handlungen bleiben nie ohne gute Folgen. Früh oder spät kommt ihr Lohn.

Johann Gottfried von Herder

Eines Tages kam ein Lehrer mit seiner Schulklasse an einem Steinmetz vorbei, welcher gerade dabei war, einen großen Stein im Garten auseinanderzuhauen.

Immer wieder schlug er auf den Felsbrocken ein, ohne dass jedoch der kleinste Sprung zu erkennen war. Die Kinder wunderten sich über den Steinmetz, warum er weiter beharrlich auf den Stein einschlug, denn anscheinend war dieser einfach viel zu hart. Doch blitzartig, nach zahlreichen kräftezehrenden Schlägen, sprang der Stein plötzlich entzwei.

Der Lehrer versammelte seine Schüler um sich und gab ihnen folgenden Rat: „Nehmt diese Tätigkeit als Lektion für euer Leben. Es war nicht der letzte Schlag des Steinmetzes, welcher das gewünschte Ergebnis lieferte. Es waren die vielen vergebenen Schläge vorher, die ihm letztendlich den Erfolg brachten. Genauso verhält es sich im Leben, egal, wie viele Misserfolge und Rückschläge ihr einstecken müsst, Erfolg hat man nur, wenn man konsequent und unbeirrt an seinem Ziel festhält!"

Ein Haufen Steine hört in dem Augenblick auf, ein Haufen Steine zu sein, wo ein Mensch ihn betrachtet und eine Kathedrale darin sieht.

Antoine de Saint-Exupéry

Der Stein

Ein kleines Steinchen rollte munter
von einem hohen Berg herunter.
Und als es durch den Schnee so rollte,
ward es viel größer, als es wollte.
Da sprach der Stein mit stolzer Miene:
„Jetzt bin ich eine Schneelawine."
Er riss im Rollen noch ein Haus
und sieben große Bäume aus.
Dann rollte er ins Meer hinein,
und dort versank der kleine Stein.

Joachim Ringelnatz

Guter Gott,

*gib mir die Gelassenheit,
Dinge hinzunehmen,
die ich nicht ändern kann,
den Mut, Dinge zu ändern,
die ich ändern kann,
und die Weisheit,
das eine vom anderen
zu unterscheiden.*

Amen.

Reinhold Niebuhr

Mein Herz

Mein Herz gleicht einem Buche, das viele Seiten hat. „Ich glaube, hoffe, liebe!" steht da auf jedem Blatt.

Mein Herz ist wie ein Vogel, der in die Luft sich schwingt, und „glaube, liebe, hoffe!" in jedem Liede singt.

Mein Herz, das ist ein Garten, drin blühen reich und dicht viel hundert bunte Blumen, und jede also spricht:

Wir sind der Liebe Kinder, uns zieht der Glaube groß, und Hoffnung fällt erquickend als Tau in unsern Schoß.

Theodor August Schüler